Aceptación

T0055184

Aceptación

Vivir en paz

Julio Bevione

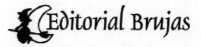

EL LIBRO MUERE CUANDO LO FOTOCOPIAN

✿

Título de la obra: *Aceptación. Vivir en paz*

COORDINACIÓN EDITORIAL: Matilde Schoenfeld
PORTADA: Carlos Varela
DIAGRAMACIÓN: Ediámac

© 2006 Editorial Brujas
© 2011 Editorial Pax México, Librería Carlos Cesarman, S.A.
    Av. Cuauhtémoc 1430
    Col. Santa Cruz Atoyac
    México DF 03310
    Tel. 5605 7677
    Fax 5605 7600
    www.editorialpax.com

Primera edición en esta editorial
ISBN 978-968-860-989-7
Reservados todos los derechos
Impreso en México / *Printed in Mexico*

Índice

¡Bienvenidos!

En cada encuentro personal que tengo con ustedes queda implícita la intención de plasmar lo que conversamos en un texto. Creo que no es necesario hacerlo para nuestro Ser, porque en él vive la sabiduría misma, dispuesta a aparecer en el momento que sea necesario. Pero nuestro ego aún debe purificarse.

Esto me llevó a iniciar esta colección de temas que nos tocan a todos y hacen parte de las resistencias que muchas veces nos ponemos para evitar tocar la maravilla de nuestro Ser Interior, simplemente porque intuimos que una vez que ocurra, nuestra vida no será la misma.

¡Pero tememos a ese salto! Es natural que así sea en la estructura de pensamiento del ego, pero también es natural que venzas ese temor porque eres espíritu.

Y tu espíritu no reconoce la amenaza del miedo. En definitiva ése es el propósito final de la vida: la trascendencia a partir del autoconocimiento, descubriendo quién realmente somos. Y si no lo podemos ver, llegaremos por la puerta de atrás, la del ego: descubriendo primero lo que no somos, a partir del error, para finalmente darnos cuenta de nuestra verdad.

Sé que si tienes este libro en tus manos es porque has reconocido que somos parte de una misma familia. Un grupo de almas que están dispuestas a ver lo mejor en ellas, porque sólo así podrán reflejar la luz que el mundo necesita en estos días de transformación.

¡Seamos todos bendecidos!

Julio

Sobre la aceptación

Encontrar la paz en este momento, ahora, con lo que nos está pasando, es la meta diaria de muchos de nosotros.

Es por eso que para recuperarla, debemos poner toda nuestra atención y la voluntad en aceptar lo que nos pasa. La aceptación tiene la condición de permitir que aquéllo que aceptamos, se mueva, se vaya o cambie.

El ego nos convence que hay otras estrategias de mayor beneficio que la aceptación, porque sostiene que aquéllo que aceptaremos, se instalará para siempre. Y, en realidad, es todo lo contrario.

Aceptar es tener una actitud amorosa. Y el amor clarifica, sana, abre, nos fortalece.

Este es un paso de la mente al corazón, renunciando a tener razón y aceptando lo que somos, lo que nos pasa, los que comparten la vida con nosotros. Al hacerlo, todo volverá a ocupar su lugar y crearemos las condiciones para experimentar paz, aunque estemos en medio de un conflicto.

Aceptar es dejar de resistirnos, con la crítica, el enojo o la frustración. Aceptar lo que nos pasa, analizando menos, resistiéndonos menos y dejando fluir más.

El amor es movimiento y el miedo es paralización.

Sobre el dolor

Pensamos que cuando experimentamos resentimiento, celos, vergüenza o miedo es una mala noticia y tratamos de disimularlo, esconderlo o negarnos a sentir ese dolor.

Pero esos momentos son claramente momentos de liberación, de aprendizaje y evolución. Nuestra vida nunca será igual una vez que hayamos aceptado, sentido y trascendido ese dolor. Si prestáramos más atención a esos momentos, pienso no deberíamos ir en búsqueda de que alguien nos dijera que es lo que tenemos que aprender ¡allí lo tenemos!

Cuando llega una persona o alguna situación de dolor, pone en evidencia dónde es que estamos estancados.

Y cada día tenemos una y otra vez la posibilidad de mirar nuestros miedos en los espejos que nos llegan. Pero hacemos todo lo posible por cerrar los ojos y abrimos un libro buscando lo que tenemos que aprender ¡Y acabamos por dejarlo pasar!

Nos cuesta un poco ver estas situaciones como aprendizajes. Pienso que la razón no es que tenemos miedo de enfrentar las situaciones, sino que tememos sentir las emociones que se despertarán al conectar con ellas.

Tenemos miedo a sufrir. O, más claramente, tememos que ese dolor sea para siempre.

Y al tratar de escapar, caemos en la trampa.

Evitando sentir el dolor de una vez por todas y trascenderlo, comenzamos a sufrir.

Sufrimos porque el dolor queda dentro de nosotros y comienza a opacar el brillo de nuestra alma. De hecho, muchas adicciones –drogas, comida, alcohol, relaciones– nacen en esos momentos, cuando tratamos de aliviar con algo externo el dolor que llevamos dentro y no pudimos liberar.

No es necesario ir de la mano del drama para liberar el dolor. Alcanza con que podamos ver con claridad aquéllo que nos atormenta.

No reprimamos las emociones, las observamos en meditación.

Seamos testigos lo que sentimos mientras respiramos conscientemente. No ataquemos ni nos defendamos de la persona por la que nos sentimos amenazados.

Cerremos los ojos y observemos nuestros juicios. Ser testigos de ellos es el principio del proceso de sanarlos.

Y si no podemos trascender el dolor como quisiéramos, aceptemos esa experiencia así como sucedió.

A veces, el aprendizaje es solamente ése: saber que no siempre estamos en control de todo lo que nos pasa. Y aceptar nuestra vulnerabilidad…

Respira…

Sobre nuestra conexión con el espíritu

¿Cómo puedo escuchar a mi espíritu?

Esta es una pregunta que nos hacemos mientras vamos descubriendo que hay otra parte de nosotros en la que podemos confiar, pero no sabemos cómo conectarnos con ella.

He experimentado que nuestro espíritu siempre está hablándonos, pero somos nosotros los que no lo escuchamos. A veces, porque esperamos que nos hable como una voz humana que se escuche en nuestra mente, otras, porque simplemente no estamos abiertos a escucharlo.

Aquí, cuatro maneras en que nuestro espíritu se comunica con nosotros:

Al principio, el espíritu usa nuestras emociones.

En nuestra mente estamos demasiado contaminados por pensamientos del ego que no podríamos distinguir lo que nuestro espíritu quiere decirnos. Es por eso que su presencia se hace saber cuándo estamos en paz, cuándo sentimos bienestar.

Para eso, pongamos atención a lo que sentimos y si estamos en paz ante una situación, con una persona, o alguna idea, es nuestro espíritu confirmando que ése es el pensamiento, la persona o la situación más amorosa para nosotros en ese momento. Si experimentamos paz, el espíritu está diciendo sí... adelante.

Cuando no experimentamos paz interior, es el aviso que lo que nos espera es una experiencia de caos.

Hay un segundo nivel de comunicación y se da cuando el espíritu nos habla a través de otras personas.

Allí donde hayamos depositado la fe, allí hablará el espíritu: un amigo, un libro o la palabra de un guía espiritual.

Pero también puede hablarnos desde un cartel en el medio de la calle, un mensaje en la radio o una canción.

Luego, cuando crece la confianza, el espíritu se manifiesta directamente en nuestra mente. Nos habla a través de las ideas.

Cuando pedimos, aparece el pensamiento en el que confiaremos. Sin ninguna duda, con fe absoluta.

Y finalmente nos entregamos al espíritu. Lo convocamos y actuamos sin ningún filtro de intermediarios o razonamiento.

No necesitamos pensar. Pedimos a nuestro espíritu que obre en nosotros y hablamos, hacemos o actuamos con entrega y devoción.

Así es como el espíritu va pasando del lugar "espiritual" en que lo ponemos a hacerse nuestro amigo y finalmente ser conscientes que somos uno con él.

Y el principio de esta relación es la paz. Cuando nos conectamos con la paz interior, comenzamos a descubrir la relación más profunda con nuestro espíritu que podemos experimentar mientras estemos en este cuerpo físico.

Sobre el ego

Vivimos en una época de saturación de fórmulas y secretos espirituales: nos llegan en cada email, en múltiples libros, en muchos seminarios... Llegan de todas las latitudes, con muchos colores y promesas. Y terminamos haciendo lo que hemos tratado de evitar: alimentamos al ego y éste ¡termina inflamado de tantos poderes!

En el camino espiritual, no debemos perder de vista el único propósito detrás de cada aprendizaje: ser más amorosos con nosotros mismos y los demás –¡en ese orden!–, y ser buscadores de la paz, más allá de todas las aparentes barreras.

Por eso es tan importante discernir si lo que conquistamos es real o imaginario. Si realmente estamos en paz o permanecemos con nuestra mente anestesiada para no tomar responsabilidad y evitar sufrir; si creemos en la túnica que nos ponemos pero también nos atrevemos a vernos adentro o si llevamos una disciplina como un hábito más sin profundizarlo en nuestro espíritu. Alimentarnos de tanta información, técnicas y ritos nos puede llevar a la arrogancia espiritual, creyendo que hemos encontrado lo que buscábamos cuando hemos errado el camino.

La verdad, la paz y el amor no tienen un lugar ni existen como tal, en nada ni en nadie.

Se manifiestan de diferentes maneras, pero ninguna de esas formas son una conclusión. Sencillamente porque no tienen forma.

Y por eso no podemos llegar a ellos. Son un camino, no un destino.

Pero, también es bueno saberlo, en este camino nadie se pierde, solamente nos podemos demorar.

La energía es un regulador extraordinario y nos pone en nuestro sitio cuando erramos el paso.

Al principio, nos lo muestra gentil y generosamente. Y si no lo podemos ver, sigue insistiendo de una u otra manera hasta conseguirlo. El primer aviso siempre es claro: perdemos la paz tratando de defender ideas espirituales.

Otras veces, sucede que nos creemos especiales después de recibir un diploma y nos autotitulamos maestros, o aceptamos ese rol cuando otros nos llaman de esa manera. Pero en el fondo, somos niños necesitando algún juguete para sumarnos al juego del mundo, para alivianar el ego que sufre por no sentirse importante.

Es importante observarnos periódicamente y vigilar las pretensiones del ego. Dejarlo que juegue, pero que nunca tome el control de nuestra camino de descubrimiento espiritual.

¿Para qué demorarnos?

Sobre los juicios

En Estambul aprendí a negociar. En el Gran Mercado, unas interminables calles techadas que albergan a miles de vendedores para ofrecer desde joyas a condimentos, nada tiene un precio determinado, sino el que uno pueda negociar. Al final, terminaba pagando el precio que había aceptado. Es decir, no había lugar a quejas. Ni caro, ni barato. Lo justo según mi punto de vista.

Y así me siento andando por la vida, como en un gran mercado donde me ofrecen de todo, y lo que elijo lo termino pagando por el precio que acepto. Para eso, todos llevamos una máquina etiquetadora: los juicios.

Aquéllo que en mi vida le puse el precio de difícil, ése fue el precio que tuve que pagar. Y si le puse el cartelito de fácil, ése fue el costo.

Vamos por la vida como si camináramos por un gran mercado y a cada cosa le ponemos su precio. Si le cuelgo el cartelito de inútil a una persona, así será. Y así con el de ingrato, amable, fiel e infiel, bueno y malo…

Y lo terrible no es lo caro que pagamos algunas experiencias, sino que no usemos el poder que todos tenemos de cambiar el cartelito, dejando de enjuiciar de la manera que lo hacemos.

Entonces, me enojo con la sociedad, con la cultura, con la familia, y con todos los que le colgaron el cartelito con el precio que hoy me niego a pagar. Si bien es cierto hemos recibido "mucha mercancía" con el precio puesto, somos libres de cambiarlo cuando queramos, cambiando nuestro juicio.

Cuando algo o alguien nos desagraden, miremos el cartelito que le hemos colgado y entenderemos porque estamos pagando esa experiencia tan cara. Y ya sabemos cómo bajarle el precio...

Definitivamente, la calle es una gran escuela.

Sobre la relación con Dios

¿Cómo puedo sentir que Dios vive en mí?

Esta es una de las preguntas más profundas que nos hacemos cuando entendemos que somos uno con Dios, pero no lo podemos experimentar.

Creo que una manera sencilla de lograrlo sería conjugar el verbo amar. Dios es amor y el verbo es ese amor en acción: amar.

Hemos pensado, durante mucho tiempo, que Dios es "Él": una idea en tercera persona, un poco lejana, con la que me conecto, pero que no siento tan cerca de mí. El que ama es "Él" y sólo "Él" puede aceptarlo, perdonarlo, comprenderlo todo. "Él" allá y "yo" aquí.

Pero me acerco al amor cuando logro verlo en ti, en la segunda persona. Cuando tú me amas o te puedo amar.

Cuando amo a otro, veo a Dios en esa persona. Logro ver que además de todo lo que percibo, critico y me enoja de esa persona, también está Dios.

Lo descubro cuando esa persona me ama, aun con sus debilidades, o la amo, aun con sus defectos.

Y finalmente puedo experimentar a Dios en mí, en primera persona.

Cuando yo amo sin las condiciones que veo en él, ellos, tú o ustedes, experimento la presencia de Dios. Puedo sentir que Yo soy parte de Dios.

Cuando creamos que somos nuestras debilidades o nuestros temores o creamos ser víctimas de las circunstancias y veamos a Dios lejos de nosotros, en tercera persona, comencemos a conjugar el verbo amar.

El ama, tú me amas y te amo a ti, Yo amo. Yo soy amor. Por eso, yo también soy Dios.

Sobre la sabiduría y el conocimiento

Existe una forma de sabiduría que llega cuando logramos extender nuestra mente, comprendiendo algo nuevo para nosotros: nos sucede algo, lo experimentamos, lo comprendemos y expandimos nuestros conocimientos. Somos un poco más sabios.

Pero hay otra sabiduría, la que no necesita la experiencia previa, sino que fluye con la experiencia. En ella no hay juicio, ni opinión.

Nos conectamos con esta sabiduría cuando somos testigos de lo que nos pasa y suspendemos los juicios.

Somos testigos amorosos de lo que nos pasa, sin tomar posición. Esta es la sabiduría que nos lleva a la paz, dejando atrás la necesidad de buscar lo bueno y evitar lo malo. Esta sabiduría nos saca de la dualidad.

Asimismo, hay bendiciones que nacen cuando usamos la primera sabiduría: obramos haciendo cosas buenas y somos bendecidos por ello con bienestar.

Pero también hay una bendición más profunda, la que nos deja sin palabras y nos lleva a un profundo silencio. Ocurre cuando experimentamos "la verdad" dentro de nosotros.

Es el instante en que no necesitamos nada externo. En ese instante conocemos a Dios.

Nuestro camino espiritual es la búsqueda de la segunda sabiduría, la que va mas allá de la dualidad de lo bueno y lo malo, para recibir la segunda bendición.

Entonces, practiquemos ser testigos de lo que nos pasa sin enjuiciar. Escuchemos la mente, pero tomemos distancia de ella…y recibiremos la bendición de la paz verdadera.

Sobre la mayor lección espiritual

La lección más importante, el verdadero despertar en el camino espiritual es reconocer el amor en nosotros mismos y en los demás.

Toda disciplina espiritual, la que escojamos, debería tener esta meta como la única a perseguir. Pero no se aprende sino a través de la acción. Amando. Y especialmente a aquéllos que creemos que no merecen nuestro amor.

Ser indiscriminados al compartir el amor es la prueba de fuego en este despertar interior.

Amar en todas las direcciones, sin discernimiento. Ésta es la actitud que derriba todas la barreras donde aún tenemos escondido el sufrimiento.

No hay dolor más grande que el de no compartir amor. Es tan grande, que muchas veces lo disimulamos con personalidades fuertes, planes exitosos o depresiones. Y todo para seguir guardando bajo llave el amor que nos negamos a dar a alguien que aparenta no merecerlo. ¡Y ése es nuestro maestro! El que nos viene a enseñar a amar…

Si nuestra capacidad de dar amor es limitada, así también será nuestra capacidad de recibir amor.

Demos y recibamos. A todos, para todos. Tenemos varias vidas para lograrlo, pero empecemos hoy.

Sobre los pensamientos

No tenemos pensamientos neutros ni inútiles.

Todos los pensamientos, todos, absolutamente todos, están creando nuestra realidad.

Visitando una estación de radio en Guatemala tratamos el tema de la violencia en el país. Mi reflexión fue una invitación a tomar responsabilidad porque todos habíamos colaborado para que esto fuera así.

Para que haya violencia necesitamos agresividad. La agresión necesita de dos ideas contrapuestas y el deseo de ser defendidas. Y de nuestra parte ocupar la posición de un lado o el otro: los de este barrio y los de más allá, los de mi partido político, los de mi club, los de mi raza, los de mi clase y los otros… en definitiva: los que son como yo y los diferentes.

Cada pensamiento de ataque, por más insignificante que nos parezca, está creando una situación de violencia que no demorará en manifestarse ante nuestros ojos, haciéndose realidad.

Preguntémonos ¿Cuándo de responsabilidad de esto que sucede es mía? ¿Cuánto de mi pensamiento ha colaborado que esto sea así? Tanto en la sociedad como en mis relaciones personales. Estemos atentos para que cuando vivamos una situación que creamos ajena a nosotros, podamos revisar lo que hemos pensado de ella. No demoraremos en respondernos a las preguntas.

Y tampoco demoremos en buscar nuevos pensamientos más amorosos, que comiencen a crear el cambio que queremos ver.

No hay pensamientos neutros ni inútiles. Lo que pienso, crea la realidad. Ni más ni menos.

Entonces, si la realidad no nos gusta, ya sabemos por dónde empezar.

Sobre el equilibrio

El camino de la espiritualidad esta marcado por el equilibrio entre la mente, el cuerpo y el espíritu. Ninguno es más o menos importante que otro, al menos mientras vivamos en esta dimensión física.

Tenemos la tendencia a relativizar nuestro cuerpo y descuidar nuestra mente. ¿Qué pasaría si no pagamos las cuentas de nuestra casa, no cuidamos sus paredes y la dejamos sin puertas ni ventanas? No viviríamos en paz, si es que nos permiten vivir en ella.

Mientras estemos en una casa, lo que ocurre en ella (la mente) y sus muebles y paredes (el cuerpo) tienen un rol importante en la calidad de nuestra experiencia de vida.

Es cierto, no somos una casa, sólo vivimos en ella.

Y tampoco un cuerpo, pero vivimos en él. Al menos por ahora…

El equilibrio es la meta.

A veces, buscando la espiritualidad forzamos el cuerpo a austeridades y terminamos débiles y enfermos. Otras, no somos consientes ni siquiera de la importancia de la alimentación y un buen descanso. Y aunque hayamos llegado a la cumbre en una meditación, no podemos disfrutar de sus beneficios.

Revisemos nuestra vida cotidiana y veamos si estamos buscando el equilibrio entre lo que pensamos, la manera que cuidamos el cuerpo y nuestras disciplinas espirituales.

Equilibrio, esa es la meta.

Sobre la soledad

La soledad es una experiencia por la que todos deberíamos pasar. Nos recuerda que somos responsables por nuestra vida y nos devuelve nuestro poder personal.

En la soledad se produce el verdadero encuentro con nosotros mismos, quizás por eso la evitamos tanto.

Cuando nos sentimos solos, es cuando nos obligamos a descubrir lo que tenemos, porque ya nadie viene a ofrecerlo.

Y cuando estamos solos y nos sentimos plenos, es quizás cuando finalmente nos damos cuenta lo que tenemos, quienes somos y hacia adónde vamos.

Ése es el aprendizaje.

La soledad llega cuando nos atrevemos a soltar aquéllo que ya no nos pertenece, que hemos usado de protección o seguridad, tanto emocional, económica o física, y sabemos que estamos listos para asumir responsabilidad por nosotros mismos.

Generalmente llega por la ausencia de una persona, pero el vacío con que se manifiesta también puede ocurrir cuando dejamos un trabajo –o nos dejan ir…– o cuando las condiciones de una situación que nos hacia sentir seguros cambian.

Hay que decir que recibir y aceptar la soledad es de valientes. Si queremos soltar lo que ya no es nuestro, pero no estamos decididos a asumir nuestro propio poder, seguiremos buscando la seguridad en otro, en otra cosa, en otros, en muchas cosas…

En la soledad no es necesario sentirse solo, aunque es posible que ocurra cuando no sabemos qué hacer con ella.

Sentirnos solos es al aviso de que estamos a punto de descubrirnos, es la hora antes del amanecer.

Pero ocurre que cuando estamos a punto de descubrirnos, por temor, renunciamos a la búsqueda interna y nos perdemos otra vez buscando afuera que alguien o algo llegue a decirnos qué hacer.

¡Y nos volvemos a perder!

Entrenemos nuestra mente y nuestro corazón para jugar el juego de la soledad. Preguntémonos: ¿Qué sería de mí sin esta persona?, ¿Cuán segura seria mi vida sin este trabajo?, ¿Me puedo imaginar decidiendo por mí mismo sin esperar la aprobación de alguien?, ¿Cómo lo paso cuando estoy solo? Sólo por enumerar algunas. Todas nos llevarán a conocer el sabor de la soledad, que primero sabe amargo, pero de a poco va soltando su dulzura.

Si estamos acompañados pero nos sentimos solos, este el momento de soltar.

Si estamos solos y nos sentimos tristes, este el momento de dejar de buscar afuera.

Si estamos solos y nos sentimos felices, quizás sea el momento de recordar que también podemos ser felices con alguien. La soledad también es cómoda cuando la usamos para escudarnos del mundo.

Y si estamos felices de todas maneras, es porque hemos pasado el test de la soledad: alguna vez la hemos recibido, la aceptamos, nos hicimos responsables, nos descubrimos, nos aceptamos y dejamos de buscar afuera. Y desde ese momento, todo llegó.

Sobre el mundo material

Hemos aprendido que mientras más tenemos, es mejor. Más pertenencias, más educación, más dinero, más relaciones, más y más. Y así nos terminamos valorando, a nosotros y a los demás, por estas cantidades.

Aprendamos a dejar a un lado los parámetros que hemos aprendido de nuestra cultura, muchas veces basados en el miedo, para comenzar a experimentar, de verdad, la sensación de seguridad que esperábamos tener al acumular lo que tenemos.

Seguridad que podemos sentir cuando dejamos de estar atados a algo o alguien. La seguridad que brinda la libertad. ¿Qué amenaza podría quitarnos la paz, si ya hemos renunciado a poseerlo?

Te darás cuenta que la mayor parte de tus angustias, la necesidad de control, la insatisfacción y parte de tu sufrimiento está determinado por tratar de sostener lo que crees tuyo, de aumentar tus reservas o de, simplemente, ocuparte demasiado de lo que tienes. Y esta lista puede ser tanto de cosas como de personas.

En los últimos dos años, la energía me regaló la posibilidad de viajar casi sin interrupciones y, como consecuencia, fui dejando ir las cosas y relaciones con las que me sentía atado. La devolución fue poder experimentar bienestar sin tener al alcance de la mano las cosas que aparentemente me hacían sentir seguro, feliz o en equilibrio. Y pude encontrarla dentro de mí.

No es necesario que renunciemos a lo que poseemos si al hacerlo sufriremos.

Quizás no sea el momento. Pero comencemos a disminuir, poco a poco, lo que creemos necesario, reduciendo lo que compramos para tener lo que realmente necesitamos –y así valorar más lo que tenemos– ; disfrutando más tiempo con las personas que amamos que frente al televisor; dedicando un momento diario al silencio renunciando a estar distraídos por algo externo o disfrutando más de la naturaleza que de las comodidades de nuestra casa.

En este mundo material, menos es más.

Respira…

Sobre la intuición

Cuando somos felices por algo que nos está sucediendo, sucede que inmediatamente comenzamos a experimentar la dualidad, sintiendo miedo al pensar que eso que nos ocurrió no volverá a suceder y tratando de amarrarnos a lo que aparentemente nos trajo felicidad, especialmente si es una persona. Y en eso andamos. Conquistando y perdiendo. Entre la paz y la guerra interior.

¿Cómo podríamos comenzar a hacer más duraderos nuestros estados de bienestar? Comenzando a tomar decisiones desde nuestra intuición. Ésta es la guía del espíritu que va más allá de las buenas ideas del ego.

Es el sexto sentido que todos tenemos disponible y que aparece naturalmente cuando quitamos un poco de atención a los otros cinco.

Dejarnos guiar por la intuición es permitir que la energía tome control de nuestra vida, de lo que nosotros no podamos controlar.

A medida que vamos conectándonos con la guía interior, aparecen las respuestas que necesitamos para comprender y atraemos a las personas y a las circunstancias que colaboran con nuestro camino de evolución sin tener que manipular nada, ni a nadie.

No, no es difícil. Requiere de nuestra disciplina y voluntad en la práctica de la meditación.

Tomemos dos o tres momentos al día para callarnos, apagar el ruido externo, sentarnos, desconectarnos y escuchar nuestra mente.

No es necesario que empleemos técnicas si no las conocemos. Solamente pongamos un poco de silencio al día y naturalmente comenzaremos a apagar los cinco sentidos para que el sexto aparezca.

El premio de este mínimo esfuerzo es prolongar nuestros estados de paz y felicidad, tomando decisiones que favorezcan a expandir ambas en nuestra vida cotidiana.

Vale la pena.

Así podremos decidir conscientemente quién tenemos a cargo de nuestra vida: Dios o el ego.

Sobre el caos

¿Por qué sufro?, ¿por qué me está pasando esto?...

Éstas son las preguntas que nos repetimos cada vez que estamos en medio del caos. Y la respuesta es: porque es necesario para que sepas quien eres.

En esta dimensión, la manera que aprendemos es a través de la dualidad. No podemos apreciar la luz hasta haber estado un tiempo a oscuras, no valoramos a las personas que nos quieren hasta que no estamos amenazados por su partida y recién tomamos verdadera conciencia de la vida cuando estamos cerca de la muerte, propia o ajena.

Nuestro proceso de evolución, al menos por ahora, está determinado por la experiencia.

Al experimentarnos podemos saber, y al saber podemos elegir.

Y elegir nos hace libres. Pero para eso necesitamos lo primero: la experiencia.

La experiencia se hace necesaria porque no podemos saber por otros.

La experiencia ajena nos puede alertar, los consejos de un maestro nos pueden guiar con más certeza por el camino, pero al camino debemos hacerlo nosotros.

Esto no significa que sea un aprendizaje forzado, con sufrimiento o larguísimo. Si sabemos que solamente estamos experimentando lo que debemos saber para ser libres de elegir, entonces fluiremos más fácilmente, el dolor ya no nos llevará al sufrimiento y, por seguro, el caos pasará casi desapercibido.

Sí, puede que nos resulte incómodo, que nos duela y nos quite la paz. Pero es parte de la experiencia. En esos momentos, no sobredimensionemos lo que está ocurriendo.

Dispongámonos a vivir lo que es inevitable. Atrevámonos a experimentar el caos, pero esta vez conscientes de que estamos en el aula aprendiendo una lección.

Y que no debemos esforzarnos porque la respuesta al examen ya la sabemos: ¡amar!

Aceptando, fluyendo, renunciando al control de los demás, renunciando a controlar las situaciones, liberan-

do la necesidad de que alguien nos salve, permitiendo, respirando…

No esperemos otro momento, no dejemos la lección para el próximo turno de examen. El caos nos ofrece un regalo. No le dejemos pasar.

Sobre nuestras prioridades

Cuando digo en las conferencias que debemos poner como prioridad en nuestra vida la espiritualidad, algunos asumen que estoy hablando de una vida religiosa y no es necesariamente así.

Priorizar la espiritualidad es poner en primer lugar el amor y el respeto por nosotros mismos.

No en nuestro ego, sino nuestro ser interior. Y para eso hay un solo camino: estar en paz.

No negociar nuestra paz debería ser lo primero en lo que deberíamos enfocarnos si queremos experimentar una vida plena.

Una vez que conquistamos la paz interior, todo llega por añadidura: las relaciones más amorosas, la salud, el trabajo con el que nos sentimos alineados y la prosperidad. Todo lo demás.

Pero ¡ojo!... no es necesario que renunciemos a los deseos. Se trata de elegir estar en paz y luego ir por los deseos del ego. Los que queden en pie después que elijamos estar en paz.

Aún estamos en un mundo demasiado atractivo para que vivamos sin desear algo externo.

El ego es muy tramposo y se las ingenia para meterse por cualquier lado, se disfraza y podría engañarnos. Y... de todas maneras, ¿para qué renunciar a los deseos?

¡Sí! podemos cambiar nuestras prioridades. Y que la primera sea estar en paz.

Estar en paz con lo que me está pasando, con lo que estoy diciendo, con lo que escucho o con lo que tengo en mente. Y saber detenerme cuando comienzo a perder la paz. Parar de hacer, de hablar o de pensar en eso.

Si nos preguntáramos ¿esto me trae paz o me la quita? antes de actuar, decir sí o no, elegir, comprar o hablar, podríamos elegir de la mano con nuestro espíritu.

Si nos cuidamos de no regalar, entregar o prestar nuestra paz interior a nada ni a nadie, nos daremos el mejor regalo que necesitamos para darle sentido a nuestra vida.

Porque si no hay paz, ¿para qué queremos lo demás?

Sobre la simpleza y la acción

Cuando me preguntan ¿Qué hacer en tiempos de crisis? Les respondo "lo más simple, lo que sabemos que tenemos que hacer"

En tiempo de crisis, lo que más deseamos es estar en paz. Detrás de recuperar lo perdido, ganar o evitar perder, está el deseo de recuperar la paz. Y para lograrlo debemos empezar usando un sentido maravilloso, ¡el sentido común!

Recurramos, entonces, a lo más simple.

Si la crisis afecta nuestra economía, cortemos gastos innecesarios (todos sabemos cuáles…!). Reducir no es negarse a la abundancia, sino prepararse para disfrutarla. No es abundante quien tiene mucho, sino quien se permite disfrutarlo. Menos cosas, menos distracciones, más posibilidades para disfrutar de ellas. Y así recuperaremos la paz.

Si estamos en crisis con nuestra pareja, hagamos lo más simple: tratemos de ser más amorosos cuando sabemos conscientemente que estamos atacando. Eso nos dará la serenidad necesaria para tomar una nueva decisión y si es necesario, concluir con la relación… pero en paz.

Entre tanta información que recibimos a diario, nos perdemos entre tantas ideas. Volvamos, entonces, a las estrategias simples, la que nos daría nuestra abuela, y dejemos por un momento de lado las soluciones fantásticas. Quizás son ellas las que nos distrajeron y por eso perdimos el norte.

Y recordemos que para identificar lo que es más simple debemos confiar en el corazón. Lo que nos traiga paz, ése es el camino de la simpleza para cada uno en ese momento.

Dejemos ir lo que no nos traiga paz. Hablemos sólo cuando sintamos paz y decidámonos por aquéllo que nos haga sentir en paz.

Y al hacer lo más simple, podremos volver a mirar lo que nos pasa y pensar: "Esto, realmente, no es tan importante"

Sobre lo bueno y lo malo

Hay momentos en que estoy invitado a ocupar un lugar especial, como en las conferencias, donde seré escuchado con atención por muchas personas. Y otras, como cuando voy por un reclamo al banco, en las que ni siquiera tengo la posibilidad de explicar lo que necesito. Entender que nuestra vida tiene ambas caras, y que es inevitable experimentarlas, crea un balance necesario que debemos apreciar. Esto nos ayuda a mantenernos conscientes, atentos y compasivos

¿Qué pasaría si sólo me ofrecieran lugares especiales? Es posible que mi ego no tardaría en controlar mi identidad. ¿Y si nadie me prestara atención? El ego, esta vez, me desvalorizaría y quizás me sentiría miserable.

Aceptar esta dualidad ha contribuido a encontrar más fácilmente la paz. Asumir que puedo ser grande y pequeño, que puedo acertar y equivocarme, que puedo ser compasivo y por momentos muy riguroso, han ido puliendo mi ego.

Mientras una posibilidad me inspira, me da fuerzas, me energiza y crea una mayor visión de mí mismo, la otra me hace humilde, austero, entrena mi paciencia y me suaviza.

Nuestro camino espiritual necesita de ambas: Las subidas y las bajadas, sin asumir que una es mejor que la otra. Ambas nos alinean, cada una contribuye a nuestro despertar.

Estemos más conscientes en aceptar lo bueno y lo malo que nos sucede. Son dos lados de una misma moneda que necesitamos reconocer para integrarlos hasta ser UNO mismo.

La paz no radica es encontrar lo bueno y evitar lo malo. Sino en ser conscientes que ambas posibilidades conviven en nosotros y que las dos son el combustible para la evolución.

Sobre la serenidad

Estoy terminando el día y tengo una persistente sensación de intranquilidad. Todo luce estar "en orden" a mí alrededor, pero no me siento en paz. Éste es el momento de usar la llave que descomprime este ahogo emocional. Me pregunto: ¿a qué me estoy resistiendo en este momento?

En mi caso, el ego persiste en su lucha por poder controlar el tiempo, cometido que, por supuesto, nunca logra.

El ego siempre está tratando de controlar algo o alguien. En mi caso, aún cree que puede estirar las horas, puede hacer más cosas a la vez y se enoja cuando alguien pierde su tiempo, lo desaprovecha o no lo usa productivamente. Mi ego, definitivamente, tiene cara de reloj...

Pero no llega muy lejos. Porque cuando me pregunto ¿a qué me estoy resistiendo? no demoro en encontrar la respuesta que me libera.

Perdemos la serenidad cada vez que por capricho, por razón o por un simple deseo, queremos que algo (¡o alguien!) sea diferente de como es y el ego toma el con-

trol de nuestra mente. Y donde el ego aparece, la paz desaparece.

¿Qué sucede cuando renunciamos a la idea de cambiarlo, lo aceptamos y no nos resistimos? Además de recuperar el bienestar, podemos ser libres de elegir qué hacer con eso.

Para lo que se puede cambiar, podremos tener calma suficiente para tomar una decisión inteligente y hacer lo que tengamos que hacer. Para lo que no se puede cambiar, nos será más fácil darle vuelta a esa página e ir por otra cosa. Con el ahogo emocional, seguiremos en un espiral sin salir de él.

Cuando nos sintamos angustiados, ansiosos, enojados o frustrados, no demoremos en hacernos la pregunta ¿a qué me estoy resistiendo? Y soltemos el control...

Siempre es más fácil liberar un pensamiento que hemos identificado. Pero si aún nos resistimos: ¡lo respiremos! Una y otra vez, profundamente, hasta deshacernos de la necesidad de tener razón.

Sobre la mente

Recuerdo que en una conferencia en Sinaloa, un adolescente de unos 14 años me dijo: "Creo que te entiendo, lo que nos quieres decir es que tenemos que ser no-mente".

Sí, definitivamente él había entendido.

Si bien es imposible que nuestra mente se calle completamente, podemos lograr que su ruido no nos distraiga.

La mente se pone bulliciosa cuando buscamos explicaciones, cuando analizamos, cuando queremos tener razón y especialmente cuando miramos hacia el futuro. Querer controlar lo que nos va a pasar es lo que más hace ruido hace. Y el ruido nos desestabiliza.

¿Podríamos imaginarnos como sería nuestro humor si tuviéramos una bocina en cada oído, todo el día? ¿Y si lo que escucháramos de esas bocinas fueran reclamos, advertencias y amenazas? ¡Quién podría estar en paz!

Paremos, paremos todo por un momento. No tratemos de analizar todo lo que nos está lo pasando, de buscar respuestas insistentemente, de responder a todos los ¿por qué? y los ¿cómo?

Paremos y respiremos profundo. Sentémonos. Relajémonos. Dejémonos sentir, que afloren las emociones. Todo está bien, no hay necesidad de controlar nada. Respiremos. Respiremos profundo.

Y si encontramos resistencia, ayudémonos con la naturaleza. Observemos la belleza de una flor. Sus tallos, las hojas, los pétalos. Recórrela, huélela, disfruta de su color. Respírala.

Shhhhh… no-mente.

Disfruta de tu silencio.

Entre lo uno y lo otro.

Sobre vivir conscientes

Vivir más conscientes. Ese es uno de los desafíos de nuestro camino espiritual. Ir despertando a una vida espiritual no es otra cosa que comenzar a tomar decisiones más amorosas con nosotros mismos y con los demás. Decidir menos con el ego y más con el espíritu: esto nos llevará a la paz. Y en paz podremos despertar nuestra divinidad.

Este proceso de darnos cuenta es el proceso de toma de conciencia.

Pero ¿Cómo lograrlo? ¿Hay alguna manera en que podamos comenzar a ser más conscientes en medio de una vida de trabajo, relaciones que se presentan conflictivas y un mundo en crisis e incertidumbre?

Claro que sí. Y este es el mejor momento para hacerlo.

La energía nos está llevando de la mano por la realidad mostrándonos lo que no queremos para que volvamos a elegir.

Y en eso consiste el proceso: poder ver lo que hemos creado, tomar responsabilidad por ello y volver a elegir.

Cada momento en que mis emociones me avisan que estoy "fuera de la zona", 1) observo, 2) tomo responsabilidad –esto no requiere otra cosa que dejar de poner la culpa afuera–, 3) respiro en forma conectada unos segundos –respiro sin pausas entre la inhalación y la exhalación–, 4) escucho lo que me dice mi mente, 5) pongo en acción sólo aquel pensamiento que se sintió mejor, que me trajo bienestar.

En síntesis: renunciar al ataque hacia mí mismo u otros, liberar las emociones y poder elegir el pensamiento más amoroso que tengas en ese momento. El más amoroso no significa el que más resuena con la lógica ni el que pensamos que "es mejor". El pensamiento más amoroso es aquél que se siente mejor en ese momento, el que se experimenta en paz.

Este proceso es útil aplicarlo en todos los momentos que nos permitamos estar atentos: Al trabajar, al comer, al tomar una decisión, al dialogar, al atender el teléfono, al conducir el auto, al ir, al venir, al quedarse y desde la mañana hasta la hora de dormir. Cada momento del día y cada persona que se relaciona con nosotros es una oportunidad para hacernos más conscientes.

De esta manera, poco a poco, iremos reconociendo quién está a cargo de nuestra vida, ¿ego o espíritu?, tomaremos decisiones más amorosas, despertaremos a la paz interior y nos conectaremos con nuestra divinidad.

Sobre nuestra guía interior

¿Cómo puedo reconocer mi guía interior?

La educación de nuestro intelecto –sumar información y adiestrar la mente para que seleccione lo que queremos mantener en la memoria–, rara vez nos llevará a tomar una decisión sabia. Quizás sea nuestra mejor decisión racional, pero no necesariamente la que nos llevará a cumplir una meta de una manera simple.

Entonces, ¿qué es la guía interior?, ¿dónde está?

Hay una parte de nosotros que nunca fue contaminada con nuestro pensamiento, que mantiene vivo el recuerdo de quién realmente somos.

En ella reside nuestro verdadero poder, no el que creemos conseguir a través de una experiencia física –por lo que hacemos, por lo que tenemos, por quién llegaremos a ser o por quiénes fuimos– sino por lo que realmente somos: parte de la esencia divina.

Esto nunca cambio y no es algo que tenemos que recuperar, porque siempre se mantuvo en nosotros. Pero tenemos que reconectarnos con ella.

Hay algo muy importante para tener en cuenta: la guía es interior. Es decir, no está en nada ni en nadie, excepto en nosotros.

Para conectarnos con ella primero debemos dejar de preguntar afuera o buscar aprobación de alguna u otra manera.

Las emociones juegan un rol primordial en el proceso. Como nuestra guía interior no convive con nuestra mente racional, podremos sentir su presencia a través de las emociones.

Si alguna vez hemos sentido una paz estremecedora aun cuando estábamos en algún conflicto, o si nos hemos emocionado hasta las lágrimas sin una razón que consideramos importante, o hemos sentido el impulso de hacer algo fuera de nuestra lógica, allí estábamos conectados con nuestro guía interior.

Es importante saber que no es necesario renunciar a nuestra mente, pero tampoco darle a ella autoridad para quedarse con la última palabra.

Antes consultemos a nuestra guía interior si la decisión que vamos a tomar o si lo que vamos a decir o vamos a hacer creará la experiencia más amorosa para nosotros en ese momento.

Si la respuesta es bienestar, la respuesta es sí. Si la respuesta es otra emoción que no se sienta bien, la respuesta es no.

Un "no" significa no significa es malo, porque tu ser no condena. Ésa es tarea del ego. Simplemente te advierte que no es el momento, que no por ahora, no con esa persona, un "no" que busca nuestra evolución y para nada negarnos algo que nos hará bien.

Nuestra guía interior es un filtro que sólo deja pasar lo que es amoroso en cada momento. Es el juicio más sabio que podemos tener en esta experiencia física.

Entonces, comencemos a conectarnos con nuestra guía interior cada vez con más frecuencia, hasta que se sienta natural hacerlo. No necesitamos ningún rito o método especial, ni un ambiente místico. Es posible hacerlo en cualquier lugar y en cualquier momento. Depende de nuestra disposición a escucharla.

De ahora en más, cuando tengamos que tomar decisiones, antes de establecer una conversación o cuando aparezca la duda, escribamos todo lo que dice la mente y luego nos preguntemos como nos sentimos con cada idea. La que nos traiga bienestar, ésa será la decisión más inteligente para ese momento. No desde la inteligencia del intelecto, sino desde la sabiduría interior, la única capaz de mostrarnos el camino hacia la plenitud.

Sobre los ciclos

En el Universo, todo es cíclico. Unos más largos que otros, todos los ciclos siempre se completan. Es inevitable que así sea. No hay tormenta ni calma que sea para siempre.

En todo proceso debemos experimentar ambas caras de la energía para completar un aprendizaje.

Y es que hay experiencias que son inevitables. No podemos parar la lluvia y hacer que el calor reine en el invierno porque no nos gusta el frio.

La pregunta es ¿qué queremos hacer con esas experiencias? Y en esa respuesta es dónde sí somos libres de elegir.

Cuando conocemos de cerca la vida de quienes consideramos nuestros maestros espirituales, podremos ver una biografía de altibajos. De la experiencia de esos vaivenes es que han despertado su sabiduría. Entre subidas y bajadas han encontrado el equilibro. Y de ese equilibrio conocieron la paz. Y desde la paz, se permitieron entender los altibajos como diferentes estados de aprendizaje.

Pero no podemos concluir en lo último sin aprender lo primero.

Llegar a estar en paz tanto en subida como en bajada requiere que comencemos por no resistirnos a aceptar los cambios, renunciando a victimizarnos cuando estamos "abajo" o de la necesidad de estar siempre "arriba", para poder ver más allá de lo que nos pasa y volvernos más sabios

Quiero detenerme un momento en lo que quiero decir con la palabra aprendizaje. Éste no es necesariamente algo que tenga que ver con el intelecto y la comprensión.

Muchas veces me encuentro con gente que está en medio de una tormenta y se niega a salir de ella porque aún no ha entendido "cuál es su aprendizaje".

Lo que tenemos que aprender no siempre es comprensible −puede ocurrir en el nivel de nuestras emociones y no ser identificable para nuestro pensamiento−, y pocas veces, muy pocas, logramos verlo cuando estamos en medio del conflicto.

Analizar, tratar de entender y poder explicar lo que nos sucede nos lleva a quedarnos anclados en el drama mucho más tiempo del que realmente necesitamos.

Aceptar no siempre requiere de nuestra mente. De hecho, de lo único que requiere la aceptación de nuestra mente es que se calle, que haga silencio, que no ofrezca resistencia con más preguntas. A este estado llegaremos tarde o temprano, pero el tiempo que demoraremos será cada vez menor en la medida que aprendamos a serenar nuestra mente.

Si, es posible estar en paz incluso es los momentos de crisis y caos. Pero para llegar a ella primero debemos encontrar el equilibrio. Y para llegar a él, debemos dejar pasar los reclamos que hará la mente. Y para que eso suceda, hemos sido dotados de decisión y voluntad.

Es decir, estar en paz es una decisión personal que cada uno puede tomar.

Cuando demos este paso, quizás no parezcamos tan inteligentes, pero seguro seremos un poco más sabios.

Sobre las mentiras

Los niños de hoy nos muestran una integridad que los distingue de nosotros, ya que en nuestros primeros años fuimos descubriendo que mucho de lo que escuchamos eran mentiras para que dejáramos de preguntar o con una respuesta sin importancia porque "éramos niños". Y creímos que mentir era una forma de comunicarnos entre los seres humanos. Y comenzamos a mentir...

Verónica Acevedo Santaliz dice que cuando alguien nos miente, se miente a sí mismo. Detrás de la mentira lo que hay es miedo, un enorme miedo, el miedo de no valer, al desamparo, al rechazo. Mucho miedo.

Entonces, cuando nos mientan miremos a la otra persona como si fuera un niño temeroso en decir su verdad. Por temor a equivocarse a que lo descubran de algo por lo que él mismo ya se ha condenado, o para permitir que el mundo creado por su percepción sobreviva...

Todos mentimos por las mismas razones que lo hicimos cuando fuimos niños: para protegernos. Pero hoy las mentiras nos duelen porque somos conscientes que no estamos diciendo y creyendo la verdad.

Por eso, Verónica nos enseñó a tomar responsabilidad y decir la verdad con estos interrogantes:

Lo que vas a decir, ¿es la verdad?

¿Estás completamente seguro o es un juicio tuyo? ¿Lo que vas a decir, es necesario que lo digas? ¿Lo que vas a decir, le hará bien a la persona que lo escuche? ¿Lo que vas a decir, tienes que decirlo? Entonces, dilo.

Porque lo importante es saber cuándo decir la verdad, que no es lo mismo que mentir.

Sobre la felicidad

¿Cómo podemos ser felices con alguien cuando no somos felices con nosotros mismos?

Aunque parezca una ecuación lógica, la realidad es que pocas veces nos damos cuenta que compartir la felicidad con alguien, comienza por la propia aceptación personal, por disfrutar de quienes somos o, al menos, no criticarnos a nosotros lo que después los otros nos criticarán y nos dolerá.

Que el mundo que vemos afuera es como es adentro nos parece un punto de vista comprensible en el crecimiento espiritual, pero al momento de ponerlo en práctica lo olvidamos.

Creemos que todavía hay alguien que nos pueda dar lo que nosotros no permitimos darnos, ya sea aceptación, atención o cariño.

Sabemos como es, pero aún pensamos que esta regla de oro puede cambiar.

Entiendo que es un desafío comenzar a hacernos responsables de lo que sentimos, y más aún de lo que nos pasa. Pero demos cuanto antes el primer pasó para comenzar a sentir la plenitud que buscamos, empezando por donde tenemos que empezar: nosotros.

Me diré lo que quiero que me digan, aceptaré de mí lo que quiero que los demás acepten y comenzaré a disfrutar más de mí, así podré comenzar a compartirlo y a liberarme de la necesidad de pedirlo sin lograrlo.

Éste es un juego en el que todos ganan.

Es el juego del amor.

Sobre el ejemplo

La forma en que los otros se comportan en uno de los motivos más frecuentes por los que perdemos la paz. Es un desafío tratar de mantenernos en equilibrio cuando estamos frente a alguien que no hace lo que esperamos. Especialmente si es nuestro hijo, un amigo o parte de nuestra familia.

Y allí es cuando verdaderamente entra en juego nuestro aprendizaje espiritual. Tratar de estar en paz sin intentar cambiar a nadie.

Cuando comenzamos este descubrimiento espiritual, nuestro entusiasmo hace que queramos compartir lo que hemos aprendido con todos y especialmente con la familia, los amigos y la pareja.

Pero a nadie le gusta que le digan lo que tiene que hacer. La otra persona aún no entiende la vida de la misma manera que nosotros y llegar a verla diferente no depende la información que les ofrezcamos, sino de nuestro ejemplo.

Los demás nos darán una señal muy clara para que les contemos lo que hemos descubierto en nosotros: ¡nos preguntarán!

Así como lo que aprendemos lo incorporamos recién cuando lo podemos aplicar en nuestra vida, enseñamos cuando los demás pueden ver en otros el cambio. No con nuestra teoría.

El cambio que queremos ver en los demás, empieza por nosotros. Reaccionando diferente ante lo que no nos gusta de los demás puede ser una buena manera de despertar la conciencia del amor en las otras personas, sin decir una sola palabra de teoría.

Ser nosotros el ejemplo, en eso consiste extender el amor.

Sobre el servicio

Cuando alguien se encuentra en un momento de confusión, dolor o ante alguna pérdida, suelo recomendarle que realice alguna tarea de servicio. Esta práctica generosa nos pone en contacto otra vez con el amor, del que nos sentimos desconectados cuando transitamos algunos de estos momentos.

Servir a otro nos abre otra vez el corazón y nos saca del dolor.

Pero, ¿Cuándo estamos realmente sirviendo?

Lo hacemos cuando decidimos dar algo desde el corazón. Algo que tengamos o que sepamos hacer. Pero aún más importante, algo que nos haga felices.

Si damos con otra sensación que no sea la alegría, es que nos estamos sintiendo forzados, obligados o algo similar. Es decir, es nuestro ego quien ha decidido dar.

Por eso es que debemos estar muy claros en que sólo podamos dar lo que tenemos. Si tenemos dinero será dinero, si tenemos tiempo será tiempo, si es una palabra, eso alcanzará.

Otras veces, intentando dar de aquello que no hemos sanado nos unimos a grupos que defienden una causa que para nosotros está relacionada a una pérdida o un recuerdo de tristeza. Y al hacerlo, sólo abrimos aún más una herida que no pudimos sanar. ¿Qué podremos dar, sino más dolor?

Si queremos servir, debemos dar sólo lo que nos produce alegría. Y participar sólo de lo que nos despierta alegría.

Cuando demos, que sea lo que tenemos y valoramos en nosotros. Así nos sentiremos plenos al darlo. Y podremos experimentar plenitud, porque terminamos nosotros mismos recibiendo el regalo que hemos dado.

Cuando tengas deseos de servir, pregúntate. De lo que tengo o de lo que hago ¿Qué me hace feliz? Y comparte eso.

Si cada uno de nosotros se guiara espontáneamente por esta pregunta, el mundo tendría abundancia y felicidad ilimitada.

Empecemos por nosotros. Les aseguro que no quedará demasiado lugar para el dolor.

Sobre el tiempo

Estaba caminando por un aeropuerto cuando viví una experiencia que puede ser una analogía de aquello que nos sucede en momentos de incertidumbre, cuando nos gana el miedo, en cualquiera de las más ocurrentes formas que se manifieste.

Estaba tomando un vuelo a Barcelona desde el aeropuerto Kennedy en Nueva York. Luego de cuatro horas de retraso, finalmente embarcamos para pasar casi seis horas en el avión sin despegar. La primera acertada justificación fue una tormenta. Pero luego el cielo ya mostraba estrellas y seguíamos allí. Los miedos comenzaban a asomar en las caras alrededor. Ya era hora de estar aterrizando en Barcelona cuando se nos avisa que el vuelo se había cancelado y debíamos bajar a recoger las maletas del mismo lugar donde las dejamos. Unas horas más para conseguir un hotel y la búsqueda de un asiento posible en los próximos vuelos.

Hay situaciones que podemos controlar, otras no. Y estas son las que ponen a prueba nuestra tolerancia, la paciencia, la confianza y la entrega.

Finalmente tome el mismo vuelo, pero un día después. Y la experiencia fue enriquecedora.

Al enfrentar una situación que nos resulta desafiante, porque es inesperada o porque simplemente nunca hemos pasado por ella y, por lo tanto, desconocemos como transitarla, aparecen todos los miedos. Éstos aumentan la situación al nivel de terrible, nos sentimos amenazados y rápidamente perdemos la perspectiva.

Si nos dejamos ganar por los miedos, la transitaremos con emociones de malestar, aumentaremos el conflicto y la prolongaremos en el tiempo, incluso cuando la situación haya concretamente finalizado. Algunas personas viajaron el segundo día aún con la conversación del día anterior.

En momentos de descontrol, parece inevitable que los fantasmas aparezcan, pero sí podemos evitar que se hagan cargo de nuestra mente.

El tiempo parece ser la herramienta divina que se encarga de todo lo que nosotros no podemos hacer por nuestras limitaciones humanas. Y es también el que perfecciona los aprendizajes aun cuando pensamos que hemos llegado a una conclusión. Es un instrumento que no nos pertenece, pero que tenemos siempre disponible.

Cuando tengamos una situación que represente un desafío, hagamos lo que esté a nuestro alcance hacer y luego permitamos que la energía obre a través del tiempo. Éste es el que realmente logra perdonar, nos permite ver las verdaderas razones que muchas veces no podemos entender o la verdad contenida detrás de un proceso que fue doloroso.

Para eso, debemos hacer lo que nos corresponde hacer y luego llamar a la paciencia, la tolerancia y la entrega a que sean parte de nosotros.

Será aún más simple lograrlo cuando tengamos la confianza de que el tiempo no está controlado por ninguno de nosotros, sino por la sabiduría de quien nos ama sin medida.

Y si así es, ¿a qué podemos temer?

Sobre encontrarse a uno mismo

Hay una frase que se repite en cada libro de espiritualidad: Ir hacia uno mismo o autodescubrirse.

Y si bien esto tiene un sentido muy amplio, me he preguntado qué realmente significa.

Cuando dicen que tengo que regresar a mi, ¿a dónde es que tengo que ir?

Y es que más que un destino es una manera de volver a enfocar nuestra vida. Ya no hacia afuera, tratando de cambiar a los otros, cambiar situaciones o planes. Sino que las preguntas no sean para los demás, sino para mí y que las respuestas también sean mías.

Buscar en mí lo que me ha molestado de una persona en lugar de enojarme con ella. Aceptar que lo que siento frente a una situación es mío y es mi percepción la que ha creado malestar, más allá de lo que tenga enfrente.

Nadie puede pelearse con algo externo sin haberse antes peleado internamente.

Es nuestro conflicto interno lo que provoca que nos envolvamos en conflictos externos.

Si no estamos en paz, cualquier excusa será suficiente para sacar nuestro conflicto y ponerlo afuera.

Y éste nunca concluirá hasta que no regresemos a nosotros mismos.

Cuando lo hagamos, no bastará con dejar de poner la culpa afuera o abandonar la espera de que primero cambie "el que nos molesta". Sino que al hacernos cargo de lo que nos pasa, también deberemos estar muy atentos a no enredarnos en un juego de culpas hacia nosotros mismos por haber sido parte de ese conflicto.

Es tan importante no poner la culpa afuera, como tampoco ponerla en nosotros.

Lo que se nos pide es que asumamos nuestra responsabilidad en esa situación que nos llevó hasta el conflicto, hasta el punto que fuera necesario para abrir nuestra mente o nuestro corazón. O ambos.

La puerta está en nosotros y las llaves en nuestras manos: ellas son la toma de responsabilidad y la decisión de perdonar, de liberarnos de los juicios que nos han condenado.

Cuando escuchemos que el camino es hacia nosotros mismos, ahora sabremos que no debemos ir a ningún lado, sino sentarme conmigo y preguntare ¿Qué me pasa?

Sobre los desbalances

Puede que sea en nuestras relaciones, en el trabajo, en nuestra economía o la salud. Pero debemos aceptar que el desbalance ocurre cuando estamos en proceso de evolución. Y siempre estamos evolucionando. Y siempre habrá algún desbalance.

Tendemos a pensar en los desbalances como un error; o la inestabilidad como un mal síntoma.

En la medida que reconozcamos que siempre estamos cambiando y con ello hay inestabilidad, nos será más fácil entender por qué el balance en todos los niveles de nuestra vida puede ser una utopía. Al menos por ahora.

El verdadero aprendizaje no es lograr la mayor estabilidad a nuestro alrededor sino alcanzar estabilidad interior más allá de la inestabilidad exterior. Sólo así habremos alcanzado la paz.

De otra manera, luego de algún esfuerzo por cambiar algo o alguien fuera de nosotros, lograremos acondicionar nuestra realidad para no tentarnos a perder la paz, controlando lo que nos pasa. Pero esto será perecedero y nunca suficiente.

Aceptar la inestabilidad que ocurre fuera de nosotros, es el primer paso para lograr la estabilidad interior.

Y cuando nuestro interior cambie, eso se reflejará afuera. Y el círculo del aprendizaje quedará completo, para seguir con un nuevo aprendizaje…

Aceptar, no manipular ni forzar. Ésa es la clave.

Sobre el silencio

O escucho a los demás, o me escucho.

Cuando escucho a los demás, me entero de mí, pero por boca ajena.

Al escuchar lo que los demás dicen, voy creando una idea de quién soy, pero ésta no es pura. Por el contrario, está contaminada de las percepciones de esa persona, de las herencias familiares, sociales y culturales que fue recibiendo. Y las voy aceptando como propias, muchas veces sin cuestionarlas.

Es tiempo de escuchar menos afuera y comenzar a escucharnos. Y eso lo da el silencio.

Tememos el silencio y lo tapamos con conversaciones innecesarias, música, radio...con los sonidos que podamos imaginar. Hasta con discos de música suave para tranquilizarnos. Pero no nos animamos a entregarnos completamente al silencio.

Al quedarnos en silencio, comenzamos realmente a escucharnos.

Y al escucharnos, la primera que habla es nuestra mente. Por eso le escapamos. Porque hemos guardado muy organizada y cuidadosamente nuestros miedos que, en el momento que aparecieron, elegimos no ver. Pero se escuchan, otra vez, cuando apagamos el ruido externo.

Si permitimos quitarle importancia a esa avalancha de pensamientos, recién llegaremos a ver quiénes somos de verdad, nuestra divinidad que nunca fue contaminada. Llega la paz.

Por eso, hagamos silencio.

Comencemos por unos minutos. Si nos distraemos, cerremos los ojos. Si no lo podemos hacer con los ojos cerrados, enfoquemos por algunos minutos en una imagen que nos inspire bienestar.

Hagamos silencio y encontraremos las respuestas a nuestras preguntas, aquéllas que les hemos hecho a todos, pero que nunca se la habíamos hecho a quien tiene la verdad: nosotros.

Shhhhh...

Sobre la noche oscura del alma

Desde la portada de la revista Time, una monja nos mira con los ojos perdidos. En una investigación se dan a conocer las cartas que esta monja había escrito a confesores y otros religiosos, hablando de su crisis de fe hasta la falta de amor que la mantuvo con una sensación de vacío por años.

Quizás esta investigación pasaría desapercibida si la religiosa no fuera uno de los íconos espirituales del siglo 20: la Madre Teresa de Calcuta.

San Juan de la Cruz llamaba estos momentos "la noche oscura del alma" y los consideraba parte del camino de nuestro despertar espiritual.

La enseñanza que sigue viva de Madre Teresa se hace aún más clara. A partir de su crisis de fe, la religiosa sostenía sus creencias a partir de la acción. Entre otros datos, se cuenta que se dedicó tiempo completo a asistir a los enfermos, excepto por 5 semanas de descanso en el año 1959.

Es posible que también nosotros pasemos por una "noche oscura del alma". Pocos quedan afuera de este túnel oscuro y frío. De ellos, algunos deciden regresarse, mientras que otros mantienen su paso hasta volver a ver la luz, entendiendo que éste era sólo parte del camino.

No importa cuán oscuro parezca ser el túnel en el que te encuentres, no vuelvas, sigue caminando que la luz no demorará en aparecer. No negocies amor por miedo.

No importa cuán oscuro parezca ser el túnel en el que te encuentres, no vuelvas, sigue caminando.

Un curso de Milagros nos recuerda que para conocer los milagros es necesaria una purificación, ya que son nuestros miedos, aprendidos de múltiples maneras, los que nos impiden experimentar el amor. Y la purificación puede encerrar dolor, sensación de pérdida, de soledad y hasta descontento.

¿Cómo podríamos vivir en amor si aún estamos atados a un conflicto? ¿Cómo experimentar abundancia si estamos pregonando carencia?

¿Cómo tener un presente de bienestar si estamos lidiando con el pasado?

Por eso es necesaria una purificación. Y en ella, las paredes caerán, harán ruido, levantarán polvo y estaremos a oscuras por algún tiempo. Pero esa sólida pared que hemos construido de miedo debe caer si queremos ver la luz.

En la revista, uno de los investigadores menciona sobre Madre Teresa: "Tenía una personalidad muy fuerte y por eso necesitaba una purificación como antídoto para su orgullo" ¿Puede la Madre Teresa ser nuestro espejo?

A lo largo de su vida, su historia de amor en acción nos ha inspirado a sentir la compasión que guió su camino.

Hoy, la misma mujer nos muestra el otro lado para recordarnos que el secreto está en la perseverancia, en la acción y la decisión de no bajar los brazos, ni en los momentos en que la fe parezca desaparecer.

Y nos recuerda que aunque la crítica sea más fácil que una palabra de amor, vale la pena ser amoroso. Que aunque sintamos que no hay motivos para creer, podemos elegir creer de todas maneras. Que aunque queramos bajar los brazos, siempre habrá energía suficiente para dar un paso más.

Y que más allá de todo, perseveremos sabiendo que el alma tiene su noche, porque sólo con ella podremos darle sentido al amanecer.

Sobre el desapego

Vives apegado a aquello que crees imprescindible o que su ausencia significaría una amenaza a tu bienestar.

Así, compulsiva pero inconscientemente, has ido atándote a bienes materiales, relaciones, carreras y logros, perdiendo lo que quieres conservar: la paz.

Revisa lo que temes perder y sabrás dónde estas condicionando tu bienestar.

Ocurre que estás atado a los pensamientos de placer o seguridad que te unieron a alguna experiencia o una persona y temes perder esa sensación. Por eso quieres más de lo mismo.

De alguna manera, estás intentando prolongar el pasado en el futuro. Pero eso es sencillamente imposible, por eso es que el apego sólo conduce a la frustración.

Atrévete a renunciar a aquello que te ata a la seguridad para realmente alcanzarla; deja ir aquello que te trae paz, para que la experimentes.

Para lograrlo, debes agregar a este juego el eslabón perdido: el ahora.

Darte cuenta que todo lo que buscas es sentirte bien y que lo puedes lograr en este momento, desarmará tus estrategias.

Suelta lo que tengas atado, poco a poco, pero comienza esta semana.

No busques razones ni esperes justificarte, porque es posible que sean las mismas razones las que te mantienen atado. El despego es la única decisión que pondría en jaque a tu ego. Y si lo estás haciendo, no esperes nada menos de él.

Y al soltarte de aquello a lo que mantenías apegado, descubrirás que nunca realmente lo necesitaste, excepto para darle validez a tus miedos.

Pero eso lo sabrás después de dejarlo ir.

Ése será tu gran premio.

Vivir es fácil simple y abundante

Acerca del autor

Julio Bevione es comunicador y autor de libros de espiritualidad. Nació en 1972 en Córdoba (Argentina) y desde 1997 radica en Estados Unidos.

Ha trabajado desde hace más de una década en la investigación de nuevos métodos y prácticas espirituales, buscando una explicación concreta a temas que sólo habían sido tratados por la filosofía o la religión. En esta búsqueda, encuentra en la psicología espiritual las respuestas que expone en sus libros y seminarios.

Participa de programas de radio y televisión en Estados Unidos y Latinoamérica. Es autor de *Vivir en la Zona. Regresa al lugar al que perteneces*; *Abundancia. Vivir sin miedos*; *Aceptación. Vivir en paz* y *Relaciones. Vivir en armonía*.

Es editor de la revista *Ser saludable* con base en la ciudad de Nueva York y columnista de la revista *Selecciones del Reader's Digest* para sus ediciones en español (México, España, Centro y Sudamérica).

Julio Bevione realiza los seminarios de Vivir en la Zona con grupos de toda Latinoamérica.

Si desea organizar uno en su ciudad o cualquier información referente a los seminarios, escriba a:

info@vivirenlazona.com

Si desea contactar al autor, puede hacerlo a:

julio@vivirenlazona.com

Visite el sitio de Internet www.vivirenlazona.com

Esta obra se terminó de imprimir
en abril de 2012, en los Talleres de

IREMA, S.A. de C.V.
Oculistas No. 43, Col. Sifón
09400, Iztapalapa, D.F.